Detlev Block

Leselöwen

Glaubensgeschichten

Zeichnungen von Gisela Röder

Loewe

Die Deutsche Bibliothek – CJP-Einheitsaufnahme

Block, Detlev:
Leselöwen-Glaubensgeschichten/Detlev Block.
Zeichnungen von Gisela Röder.
2. Aufl. – Bindlach : Loewe, 1994
JSBN 3-7855-2567-2

JSBN 3-7855-2567-2 – 2. Auflage 1994

Umschlagillustration: Gisela Röder
Satz: Fotosatz Leingärtner, Nabburg
Gesamtherstellung: L.E.G.O. S.P.A., Vicenza
Printed in Jtaly

Jnhalt

Zu diesen Geschichten

Die Geschichten in diesem Buch stammen nicht aus der Bibel. Trotzdem sind es Glaubensgeschichten: Fabeln, Legenden und Begebenheiten, die uns jeweils eine besondere Wahrheit über Gott und unser Leben sagen. Solche Geschichten nennen wir Gleichnisse. Wir können sie auf verschiedene Weise verstehen und deuten. Hier in diesem Buch sind sie vom christlichen Glauben her gesehen und erläutert. Am Ende jeder Erzählung findet ihr ein paar Gedanken und Anregungen dazu, wie ihr die Botschaft der Geschichte auf euch anwenden könnt. Ein Wort aus der Bibel verdeutlicht, was die Geschichte für euch und euren Glauben bedeuten kann.

Jch wünsche euch Freude beim Lesen oder Zuhören und beim Ansehen der Bilder. Vielleicht habt ihr auch mit euren Eltern interessante Gespräche über die Geschichten.

Detlev Block

Der Faden nach oben

Es war ein schöner Frühlingstag. Alle großen und kleinen Geschöpfe freuten sich ihres Lebens.

Auch die Spinne. Sie krabbelte lustig auf dem hohen Ast eines Birnbaumes herum. Plötzlich hielt sie an und begann sich an einem langen hauchdünnen Faden herab-zulassen. Er war klebrig und hielt die Spinne beim Hinuntergleiten fest.

Auf halber Höhe, zwischen kleinen Zweigen des Birnbaumes, fand die Spinne eine günstige Stelle. Dort baute sie ihr Netz. Sie lief hin und her und arbeitete lange. Endlich war das Netz so, wie sie es haben wollte. Es war ein prächtiges Netz geworden, eng und fest gesponnen, getragen und gehalten durch den Faden von oben.

Die Spinne setzte sich in die Mitte des Netzes und wartete. Sie hatte Hunger. Das Netz hielt, was es versprach. Täglich verfingen sich kleine Käfer, Falter und

Fliegen im Spinnennetz, so daß es genug Nahrung gab.

So ging es den ganzen Sommer hindurch. Die Spinne hatte ein gutes Leben und machte reichlich Beute. Sie fühlte sich wohl in ihrem Netz am Birnbaum.

Eines Tages im Herbst aber geschah es. Die Spinne lief unruhig im Netz hin und her. Sie prüfte wieder einmal, ob es noch in Ordnung war oder ob es irgendwo geflickt werden mußte. Dabei fand sie am äußersten Ende des Netzes einen seltsamen Faden, der von oben kam.

„Komisch!“ dachte die Spinne. „Dieser Faden führt zu keinem Blatt und zu keinem Zweig. Er hängt im Leeren. Er gehört gar nicht hierher. Er ist unnütz und stört.“

Sie erinnerte sich nicht mehr an den schönen Frühlingstag, an dem sie selber an diesem Faden heruntergeglitten war. Sie hatte vergessen, daß ihr ganzes prächtiges Netz an diesem Faden hing.

Und da sie außerdem schlechte Laune hatte, sagte sie: „Weg mit dir, dummer Faden!" und riß mit einem einzigen Biß den Faden nach oben durch.

Was geschehen mußte, geschah. Jm selben Augenblick riß das Netz ab und flog in die Tiefe. Die Spinne lag darunter begraben, hilflos in ihr eigenes Netz verstrickt. Denn es war eng und fest gesponnen.

Auch wir haben einen „Faden nach oben“

Zuerst hat die Spinne ein gutes Leben. Das Netz, das sie sich gebaut hat, hängt fest und sicher am Faden. Aber zuletzt reißt sie die Verbindung nach oben ab. Sie hat vergessen, woran ihr Netz hängt. Sie fällt in die Tiefe. Jhr Netz ist zerstört.
Wir Menschen haben auch so einen „Faden nach oben“. Das ist unsere Verbindung mit Gott. Er trägt und hält uns. Wir hängen von Gott ab. Er ist wichtig für uns. Ohne ihn können wir nicht leben.
Gott ist immer für dich da. Er gibt dir Halt und Kraft.
Jn der Bibel steht das Wort:

Das ist meine Freude, daß ich mich zu Gott halte.

Glauben heißt, mit Gott in Verbindung zu bleiben.

Wo das Reich Gottes anfängt

Jn einem Kloster hatten sich zwei Mönche miteinander befreundet. Sie verstanden sich gut. Sie lasen beide dieselben Bücher und hatten oft ähnliche Gedanken. Sie kannten die Bibel und wußten manche Stellen und Geschichten daraus auswendig.

Es war ihnen ernst mit Gott. Oft gingen sie mit den anderen Klosterbrüdern zum Gottesdienst oder sprachen lange mit Gott im Gebet.

Beide Mönche hatten ein und denselben Wunsch. Sie wollten nämlich zu gern wissen, wo das Reich Gottes anfängt und wie man da hineinkommt. Darüber redeten sie miteinander, immer wieder.

Nun fanden die zwei in der großen Bücherei des Klosters ein altes Buch, das sie sehr fesselte. Sie lasen es zusammen. Schließlich kamen sie an eine wichtige Stelle.

Da stand geschrieben:

Am Ende der Welt gibt es einen Ort, wo sich Himmel und Erde berühren. Da fängt das Reich Gottes an.

War das nicht endlich eine Antwort auf das Fragen und Suchen der beiden Mönche?

Und weiter stand in dem alten Buch:

An jenem Ort, wo das Reich Gottes beginnt, ist eine Tür, und man braucht nur anzuklopfen und hineinzugehen und befindet sich schon im Reich Gottes.

Die beiden Freunde durchfuhr es: „Dahin müssen wir gehen! Koste es, was es wolle!“

Sie beschlossen, den Ort zu suchen und nicht eher umzukehren, bis sie ihn gefunden hätten.

Die beiden Mönche verabschiedeten sich von ihren Klosterbrüdern und zogen ihres Weges.

Sie wanderten durch die Welt. Viele Gefahren und Entbehrungen mußten sie durchmachen. Oft waren sie in Versuchung, von ihrem Ziel abzulassen. Aber die Hoffnung auf das Reich Gottes siegte doch und gab ihnen Mut, weiterzuwandern.

Als sie die ganze Welt umwandert hatten, fanden sie schließlich, was sie suchten.

Sie kamen an die Tür, klopften und sahen mit bebendem Herzen, wie sie sich öffnete.

Sie traten ein – und standen mit einem Mal zu Hause in ihrer Klosterzelle und sahen sich gegenseitig an.

Waren sie enttäuscht? Meinten sie, ihre Fahrt durch die Welt sei vergeblich gewesen?

Nein, sie erkannten: „Gott hat uns geführt.“

Und sie begriffen nun mit einem Mal: Der Ort, an dem Gottes Reich anfängt, ist auf der Erde genau dort an der Stelle, die Gott uns zugewiesen hat.

„Unsere lange Reise ist nicht umsonst gewesen“, sagten sie. „Gott hat uns gezeigt, daß sein Reich für uns da beginnt, wo wir leben. Wir brauchen nun nicht länger danach zu suchen.“

Gottes Reich ist, wo du bist

Die beiden Mönche meinen, das Reich Gottes sei ganz weit weg. Darum wandern sie durch die ganze Welt, um es zu suchen. Am Ende führt Gott sie in ihr Kloster zurück. Sie erkennen: Hier, wo wir leben, beginnt das Reich Gottes.
Da, wo du bist, kann das Reich Gottes sein. Zu Hause bei deinen Eltern und deinen Geschwistern. Jn der Schule bei deinen Mitschülerinnen und Mitschülern. Beim Spielen mit deinen Freundinnen und Freunden. Überall.
Du freust dich und machst anderen eine Freude. Du bist traurig, und einer tröstet dich. Ein anderer ist in Not, und du hilfst ihm. So kannst du etwas von Gott und seinem Reich der Liebe spüren.
Jn der Bibel steht das Wort:

Jesus sagt: Das Reich Gottes ist mitten unter euch.

Glauben heißt, da zu blühen, wo Gott uns hingepflanzt hat.

Sonne und Wind

Die Sonne und der Wind hatten einen Streit. Jeder von beiden wollte der Stärkere sein.

„Jch bin stärker als du“, sagte der Wind. „Wenn ich zu stürmen anfange, kann mir keiner widerstehen.“

„Abwarten!“ erwiderte die Sonne. „Die Macht meiner Strahlen ist so groß, daß dein Wehen und Stürmen dagegen nicht ankommt.“

Da beschlossen die Sonne und der Wind, eine Probe zu geben und miteinander zu wetteifern.

„Siehst du dahinten auf der Landstraße den Mann im Mantel?“ fragte der Wind. „Jch mache dir einen Vorschlag. Wer von uns beiden den Mann zuerst dazu bringt, den Mantel auszuziehen, der hat gewonnen und ist der Stärkere.“

Die Sonne war damit einverstanden.

„Fang an!“ sagte sie. „Zeig, was du kannst! Danach komme ich an die Reihe.“

Sogleich begann der Wind zu wehen. Er blies mit aller Macht. Es stürmte gewaltig.

Der Mann blieb einen Augenblick stehen und hüllte sich fest in seinen Mantel. Er schlug den Kragen hoch und ging langsam weiter. Er beugte sich nach vorn, um dem Sturm Widerstand zu leisten.

Je stärker der Wind tobte, desto fester wickelte sich der Mann in seinen Mantel.

Der Wind rief Regen und Hagel zu Hilfe. Eine dunkle Wolkenwand zog auf und sandte dicke Regentropfen und Hagelstücke herunter. Prasselnd sausten sie auf den Mann. Aber der dachte nicht daran, in diesem Sturm und Wetter seinen Mantel auszuziehen. Jm Gegenteil, er drückte ihn mit aller Kraft an sich.

Am Ende ließ der Wind nach und gab die Wette auf.

Nun kam die Sonne an die Reihe. Sie brach leuchtend durch die Wolken und begann zu scheinen.

Sie schickte ihre Strahlen senkrecht und kraftvoll von oben. Die Luft und die Landschaft erwärmten sich nach dem Regen und dem Sturm.

Die Sonne schien und schien.

Da dauerte es nicht lange, bis sich der Mann den Schweiß von der Stirn wischte.

Er schwitzte. Der Mantel wurde ihm mächtig warm.

Nach einer Weile zog er den Mantel aus und legte ihn über seinen Arm.

„Hast du gesehen, wie ich das gemacht habe?“ fragte die Sonne den Wind. „Wärme und Freundlichkeit sind doch erfolgreicher als Wut und Gewalt. Du hättest einen sanften warmen Südwind schicken sollen. Vielleicht hätte der Mann dann seinen Mantel ausgezogen.“

Der Wind ärgerte sich. Er mußte der Sonne recht geben. Aber die Sonne freute sich über ihren Sieg.

Freundlichkeit kann viel mehr bewirken

Manchmal möchten wir toben wie der Wind. Wir sind wütend und zornig.
Wenn wir uns beruhigt haben, merken wir: Wut und Zorn sind nicht das richtige. Sie können Menschen nicht ändern. Gewalt zerstört das Vertrauen zwischen Menschen. Die Sonne hat recht. Wärme und Freundlichkeit können viel mehr bewirken. Jn einem ruhigen, freundlichen Gespräch können wir viel besser sagen, was uns bewegt. Unsere Mitmenschen hören uns dann auch viel lieber zu.
Jn der Bibel steht das Wort:

Jn Jesus Christus ist uns die Freundlichkeit und die Menschenliebe Gottes erschienen.

Glauben heißt, der Freundlichkeit Gottes zu vertrauen und sich von ihr anstecken zu lassen.

Das Geschenk zur Hochzeit

Ein junges Mädchen und ein junger Mann wollten heiraten. Aber das Brautpaar hatte nicht viel Geld.

Das Mädchen sagte: „Wir können uns nur eine einfache Hochzeit leisten. Trotzdem möchte ich gern, daß viele unserer Freunde dabei sind."

„Du hast recht", sagte der junge Mann. „Jch finde auch: Geteilte Freude ist doppelte Freude. Laß uns ein großes Fest feiern! Warum sollte unser Glück nicht andere anstecken?"

So entschieden sie sich, viele Gäste zu ihrer Hochzeit einzuladen.

Lange überlegten die beiden, wie sie das Fest mit geringen Kosten gestalten konnten. Schließlich kam ihnen eine gute Jdee.

„Wir wollen unsere Gäste bitten, daß jeder eine Flasche Wein mitbringt“, beschlossen sie.

„Als Geschenk zu unserer Hochzeit.“

„Wir stellen am Eingang unseres Hauses ein Faß auf“, schlug der Bräutigam vor.

„Jn dieses Faß kann jeder seinen mitgebrachten Wein hineingießen. Vielleicht macht das unseren Gästen sogar Spaß.“

„Ja“, sagte die Braut. „Wir trinken dann zusammen einen Hochzeitswein aus vielen verschiedenen Weinen. Jeder kann auf diese Weise einen Beitrag zum Hochzeitsfest geben und mit uns fröhlich sein.“

Also lud das Brautpaar seine Freunde und Bekannten zur Hochzeit ein. Wie besprochen bat es jeden Gast, eine Flasche Wein mitzubringen und in das große Faß am Hauseingang zu schütten.

Am Hochzeitstag erschienen alle geladenen Gäste. Sie wurden vom Brautpaar herzlich begrüßt.

Das Fest wurde eröffnet, und die Kellner liefen zu dem großen Faß vor der Tür und schöpften daraus.

Aber wie groß war das Erschrecken, als die Gäste merkten, daß sie statt Wein Wasser eingeschenkt bekamen!

Sie saßen da wie versteinert. Sie waren ertappt.

Jeder von ihnen hatte gedacht:

„Die eine Flasche Wasser, die ich in das Faß hineingieße, wird schon keiner merken und schmecken."

Jeder hatte gehandelt, wie er dachte. Und jeder von ihnen hatte gemeint:

„Die Flasche Wein kann ich mir sparen. Heute will ich einmal auf Kosten der anderen feiern!"

„Wie peinlich ist das für uns alle!" flüsterte einer.

„Wir haben dem Brautpaar die Hochzeit verdorben. Es ist schrecklich!" sagte ein anderer.

Der dritte erkannte: „Mehr noch. Wir haben uns alle um ein schönes und fröhliches Fest gebracht und eine gute Gelegenheit vertan!"

Scham, Unsicherheit und Unruhe erfaßten sie alle – und nicht nur deshalb, weil es pures Wasser zu trinken gab.

Um Mitternacht verklang das Flötenspiel. Alle gingen schweigend und bedrückt nach Hause.

Jeder wußte: Es war kein richtiges Fest gewesen.

Jeder trägt dazu bei

Aus dem Hochzeitsfest hätte etwas Gutes werden können. Wenn jeder Gast etwas dazu beigetragen hätte.
Jmmer wenn etwas gelingen soll, kommt es auf ein gutes Miteinander an. Jn einer Familie sind die Eltern für die Kinder da. Aber auch die Kinder tun etwas für die Gemeinschaft. Sonst wäre es keine richtige Familie.
Auch ein Staat lebt davon, daß einer etwas für den anderen tut. Der Politiker sorgt für Frieden und Gerechtigkeit. Der Arzt hilft den Kranken. Die Lehrerin bringt den Kindern Lesen, Schreiben und Rechnen bei. Der Bahnbeamte kümmert sich darum, daß die Reisenden pünktlich mit dem Zug abfahren.
Jeder trägt dazu bei, daß das Leben gelingt.
Jn der Bibel steht das Wort:

Dient einander, jeder mit der Gabe, die Gott ihm geschenkt hat!

Glauben heißt, für andere dazusein, die eigenen Gaben zu entdecken und sie einzusetzen zum Wohl der Menschen.

Was wiegt eine Schneeflocke?

Es war Winter. Überall schneite es.

Jm Wald saß eine Wildtaube auf einem Baumzweig. Still betrachtete sie das Schneetreiben.

„Jetzt könnte ich ein bißchen Gesellschaft gebrauchen. Ein kleines Schwätzchen wäre nicht schlecht", dachte sie und sah sich um.

Schon kam Besuch auf sie zugeflogen, eine muntere Tannenmeise.

„Guten Tag", sagte die Tannenmeise.

„Jch grüße dich“, erwiderte die Wildtaube. „Schön, daß du kommst. Was gibt es Neues im Wald?“

„Die ganze Welt schneit ein“, sagte die Tannenmeise. „Es kommen einem die seltsamsten Gedanken und Fragen bei diesem Wetter. Was meinst du, Wildtaube, was wiegt eine Schneeflocke?“

Die Wildtaube guckte in die Luft und verfolgte eine Schneeflocke nach der anderen, wie sie langsam und leise zu Boden fielen.

„Eine Schneeflocke ist so leicht, daß sie gar nichts wiegt“, antwortete sie. „Nicht mehr als ein Nichts.“

„Das habe ich auch gedacht“, sagte die Tannenmeise. „Aber es stimmt nicht. Hör dir eine wunderbare Geschichte an, die ich neulich erlebt habe.

Jch saß auf dem Ast einer Fichte, dicht am Stamm, als es zu schneien begann. Es schneite nicht heftig im Sturmgebraus, sondern so wie jetzt. Lautlos und ohne Schwere.

Weil ich nichts Besseres zu tun wußte, zählte ich die Schneeflocken, die auf die Zweige und auf die Nadeln des Astes fielen und daran hängenblieben. Du mußt wissen, ich bin sehr flink. Nicht nur im Fliegen und Zwitschern, sondern auch im Zählen. Genau dreimillionensiebenhunderteinundvierzigtausendneunhundertzweiundfünfzig Schneeflocken waren es. Als die nächste Flocke niederfiel – nicht mehr als ein Nichts –, brach der Ast ab. Denn die Schneelast war ihm zu schwer geworden."

Damit flog die Tannenmeise wieder davon.

Nun hatte die Wildtaube etwas zum Nachdenken.

„Das ist eine tolle Geschichte, die mir die Tannenmeise erzählt hat", dachte sie.

Und da sie ein kluger Vogel war, ein Tier, das die Menschen zum Friedensvogel erklärt hatten, begriff sie auch gleich, was diese Geschichte bedeutete.

„Vielleicht fehlt nur die Stimme eines einzelnen Menschen zum Frieden der

Welt“, sagte die Wildtaube. „Jeder einzelne Mensch und seine Stimme sind wichtig, damit am Ende Frieden wird.“

Und die Wildtaube freute sich über die Botschaft, die ihr die Tannenmeise gebracht hatte.

Nun guckte sie noch einmal so gern in das leise Fallen der Schneeflocken.

Es kommt auf jede Stimme an

Die Wildtaube hat die Geschichte der Tannenmeise gut verstanden. Viele, viele Schneeflocken zusammen können etwas bewirken. Am Ende fehlt nur noch eine einzige Flocke, um den Ast zum Brechen zu bringen.
So ist es auch bei den Menschen. Auf jede einzelne Stimme und noch so kleine Tat kommt es an.
Jn der Bibel steht das Wort:

Sage nicht: Jch bin zu klein! Fürchte dich nicht, denn ich bin bei dir, spricht der Herr.

Glauben heißt, damit zu rechnen, daß Gott auch das Kleine und Schwache gebrauchen kann. Viele kleine Leute an vielen kleinen Orten, die viele kleine Schritte tun, können das Gesicht der Welt verändern.

Der Mann mit den Bäumen

Jn Frankreich lebte ein Bauer. Er war schon älter und hatte Schweres hinter sich.

Vor einiger Zeit war seine Frau gestorben, danach auch noch sein einziger Sohn.

„Jch bin ganz allein", sagte sich der Mann. „Wofür soll ich jetzt noch leben?"

Er verließ seinen Bauernhof und die fruchtbare Ebene, in der er lange Jahre gelebt und gearbeitet hatte.

Er nahm einige seiner Schafe mit und zog in eine einsame Gegend. Dort gab es eine trostlose Wüstenlandschaft.

„Vielleicht kann ich hier mein Unglück vergessen“, dachte der Bauer und richtete sich notdürftig zum Leben ein.

Weit verstreut lagen in der Landschaft ein paar Dörfer. Die Häuser verfielen immer mehr. Die Leute dort stritten sich untereinander und machten sich das Leben schwer. Schließlich zogen viele weg.

„Die Landschaft ist einsam“, dachte der Bauer. „Keiner kümmert sich um sie. Sie wird ganz sterben, wenn hier keine Bäume wachsen.“

Als Bauer wußte der Mann, wie wichtig Bäume für die Gesundheit der Luft und des Landes sind.

Mit einem Mal erwachte in ihm das Gefühl: „Du mußt dieses Stück Erde retten und bewahren!“

Er sah wieder eine Aufgabe vor sich. Sie half ihm, den großen Schmerz seines Lebens zu tragen.

Der Mann begann Eicheln zu sammeln. Die kleinen und rissigen Eicheln sortierte er aus und warf sie weg. Die guten und kräftigen Eicheln behielt er. Er legte sie in einen Eimer mit Wasser, so daß sie sich richtig vollsaugen konnten.

Dann nahm er einen Eisenstab mit und zog mit den Eicheln los.

An einer einsamen und dürren Stelle der Landschaft legte er in bestimmten Abständen überall Eicheln in die Erde. Er stieß immer wieder den Eisenstab in den Boden und legte eine Eichel in das Loch. So machte es der Bauer nun Tag für Tag. Nach drei Jahren hatte er hunderttausend Eicheln gesetzt.

„Einige Eicheln gehen sicher nicht auf", sagte sich der Bauer. „Aber ich hoffe, daß die meiste Arbeit nicht vergeblich ist."

Er erbat sich von Gott im Gebet noch eine Reihe weiterer Lebensjahre und sagte:

„Herr, gib mir noch Zeit und Kraft, daß ich noch mehr Eicheln setzen kann, um dieses Land zu retten.“

Gott erhörte sein Gebet und ließ den Mann neunundachtzig Jahre alt werden.

Als der Bauer starb, hatte er einen der schönsten Wälder Frankreichs geschaffen. An drei verschiedenen Stellen grünte und rauschte ein Eichenwald von elf Kilometer Länge und drei Kilometer Breite.

Und was war im Lauf der Jahre sonst noch geschehen? Die vielen kräftigen Eichenwurzeln hielten den Regen im

Boden fest, saugten Wasser an. Jn den Bächen sprudelte wieder Wasser. Es konnten wieder Weiden und Wiesen gedeihen und Blumen wachsen. Auch die Vögel kehrten allmählich wieder in die Landschaft zurück. Aus der Wüste wurde wieder ein fruchtbares Land.

Da kamen auch die Menschen in die Dörfer zurück. Sie bauten die Häuser wieder auf. Alle hatten wieder Lust am Leben, arbeiteten und feierten Feste.

Niemand von ihnen ahnte, wem sie das zu verdanken hatten.

Eine Aufgabe fürs Leben

Das Leben des einsamen Bauern in Frankreich ändert sich, als er eine neue Aufgabe für sich entdeckt: Du mußt dieses arme Stück Erde retten!
Die Aufgabe, der er sich widmet, tröstet ihn in seinem Leid.
Auch für dich ist es wichtig, eine Aufgabe im Leben zu haben. Zu wissen: Jch tue etwas für eine gute Sache. Später wirst du einmal einen Beruf haben. Aber schon jetzt besteht dein Alltag aus manchen Aufgaben und Pflichten.
Hast du schon gemerkt, daß es Freude macht, für andere dazusein und eine gute Tat zu vollbringen?
Jn der Bibel steht das Wort:

Mit Gott wollen wir Taten tun.

Glauben heißt, etwas zum Wohl der Menschen zu tun und der Schöpfung Gottes zu dienen.

Die Frau, die auf Gott wartete

Es war einmal eine Frau, die träumte eines Nachts von Gott. Gott versprach ihr:

„Morgen will ich zu dir kommen und dich besuchen."

Als die Frau erwachte, stand sie sogleich auf und ging an die Arbeit. Sie war fröhlich und aufgeregt. Sie brachte ihre Wohnung in Ordnung, backte einen schönen Kuchen und stellte frische Blumen in die Vase.

Und dann fing sie an, auf Gott zu warten.

Auf einmal schellte es an der Tür. Schnell stand die Frau auf und öffnete.

Aber draußen stand nur ein Bettler und bat um etwas zu essen und um etwas Geld.

„Tut mir leid“, sagte die Frau, „aber heute habe ich keine Zeit. Jch warte auf hohen Besuch und kann Sie nicht hereinlassen.“

Damit schloß sie die Tür, und der Bettler ging seiner Wege.

Nach einer Weile schellte es wieder. Mit klopfendem Herzen ging die Frau an die Tür.

Als sie öffnete, sah sie eine Frau mit einem verweinten Gesicht vor ihrem Haus stehen.

„Können Sie mir helfen?“ fragte die Fremde. „Jch weiß nicht weiter. Jch brauche den Rat eines Menschen.“

Die Frau war enttäuscht, daß wieder jemand anders etwas von ihr wollte, und sagte:

„Entschuldigen Sie, aber ich kann mich

jetzt nicht um Sie kümmern. Jch erwarte jeden Augenblick Besuch, der ganz wichtig ist für mich."

Traurig ging die Fremde davon.

Nach einer Zeit schellte es von neuem. Noch schneller als vorher öffnete die Frau. Jetzt mußte es Gott sein! Wer aber stand vor der Tür?

Ein kleiner Junge, der die Frau mit ängstlichen Augen ansah.

„Guten Tag!" sagte er. „Mein Ball ist

leider in Jhr Kellerfenster gefallen. Holen Sie ihn mir bitte heraus?“

„Da bleibt er heute erst einmal liegen!“ antwortete die Frau ärgerlich. „Paßt besser auf, wenn ihr Ball spielt! Jch habe jetzt Wichtigeres zu tun, als deinen Ball zu holen!“ Damit ließ sie den Jungen stehen.

Stunde um Stunde verging. Es wurde schon Abend, und noch immer hatte Gott sich nicht sehen lassen. Die Frau wurde immer enttäuschter. Hatte Gott nicht Wort gehalten? Oder hätte sie den Traum nicht so ernst nehmen sollen?

Zuletzt ging sie traurig zu Bett. Bald schlief sie ein.

Jm Traum aber erschien ihr Gott. Er sagte zu ihr: „Dreimal habe ich dich heute aufgesucht. Und dreimal hast du mich weggeschickt! Jch kam zu dir als der Bettler, als die fremde Frau, die deinen Rat brauchte, und als der kleine Junge, der dich um den Ball bat. Sei in Zukunft hilfsbereiter und barmherziger! Denn in jedem Menschen komme ich selbst zu dir.“

Gott besucht uns in den Menschen

Gott ist für uns unsichtbar.
Aber er kommt uns im Mitmenschen nahe.
Die Frau, die auf Gott wartet, begreift es zuerst nicht. Sie schickt die Menschen fort, die zu ihr kommen. Denn sie denkt: „Jch warte auf Gott."
Nachher sagt es Gott ihr im Traum: „Jch war in den drei Besuchern selbst bei dir."
Jn der Bibel steht das Wort:

Jesus sagt: Freut euch mit den Fröhlichen und trauert mit den Trauernden! Was ihr einem der geringsten Menschen getan habt, das habt ihr mir getan.

Glauben heißt, Gott im Mitmenschen zu entdecken und ihn als Bruder und Schwester anzunehmen.

Die Libellenlarve und der Blutegel

Es war in einem kleinen Teich. Eine Libellenlarve und ein Blutegel unterhielten sich.

„Ach“, sagte die Larve, „ich verspüre in mir täglich einen Drang nach einer anderen Welt. Jch habe das Gefühl, das Leben hier im Teich ist nur eine Vorstufe zu etwas Schönerem und Herrlicherem.“

„Du liebe Zeit“, antwortete der Blutegel, „solche komischen Gefühle kenne ich nicht. Jch genieße das Leben im Wasser und habe keine anderen Bedürfnisse.“

„Ja“, sagte die Libellenlarve, „aber es drängt mich nun einmal nach oben. Wenn ich die Pflanzen am Grund loslasse, treibt es mich wie von selbst in die Höhe.“

„Du mußt dich eben mit deinen Beinen besser im Schlamm festhalten“, riet ihr der Blutegel, „wenn du schon solche Gleichgewichtsstörungen hast. Es ist doch so schön hier unten.“

„Aber weißt du“, erzählte die Libellenlarve weiter, „ein paarmal war ich schon ganz dicht an der Wasseroberfläche und habe versucht zu erkennen, was darüber ist. Jch sah einen verschwommenen hellen Schein und meinte, Schatten über mich hinweghuschen zu sehen.“

„Hirngespinste!“ entgegnete der Blutegel. „Vielleicht kommen sie von deinen Gleichgewichtsstörungen. Du mußt etwas dagegen tun!“

Mehr zu sich selbst sagte die Libellenlarve: „Wahrscheinlich reichen meine Augen nicht dazu aus, Genaueres da oben zu erkennen. Aber wissen möchte ich doch zu gern, was es mit dem hellen Schein und den Schattengestalten auf sich hat."

Dem Blutegel wurde die Sache allmählich zu dumm. Er fühlte sich der Libellenlarve überlegen und sagte: „Du spinnst, liebe Libellenlarve! Du träumst zuviel und denkst zuviel nach! Lebe wie ich, und sei in diesem Tümpel zufrieden. Jch bin alt und erfahren genug. Jch weiß, daß dieser Tümpel die Welt ist. Jch habe ihn viele Male durchschwommen. Außerhalb von diesem Wasser gibt es nichts mehr. Du mußt deine Träume begraben!"

Aber die Libellenlarve ließ sich dadurch nicht irremachen.

„Jch habe doch Lichtschein und huschendes Leben gesehen!" sagte sie.

„Eben, eben", krümmte sich der Blutegel vor Vergnügen. „Begreifst du noch immer nicht? Das ist deine Phantasie, gutes Kind. Was du genau siehst, was du anfassen und beweisen kannst, das ist die

Wirklichkeit. Darüber hinaus gibt es nichts!"

Einige Tage nach diesem Gespräch war es soweit.

Die Libellenlarve kletterte an einer Wasserpflanze aus dem Wasser. Die Haut riß entzwei, und aus ihr schlüpfte eine wunderschöne Libelle. Sie breitete ihre Flügel aus und schwang sich in die Luft.

Jm hellen Sonnenlicht und unter dem blauen Himmel schwebte sie hoch über dem kleinen Tümpel davon.

Gottes Reich ist größer

Die Libellenlarve ahnt es: Die Welt ist viel größer als der kleine Tümpel.
Aber der Blutegel spottet. Er kann sich nicht vorstellen, daß es außerhalb des Teiches noch etwas gibt.
Am Ende kriecht die Libellenlarve aus dem Wasser und verwandelt sich in eine schöne Libelle, die fliegen kann. Der Teich ist nur ein winziger Teil der großen Welt. Der Blutegel hat unrecht.
Gottes Reich ist größer als die Erde und unser kleines Leben. Manche Menschen denken: Nach dieser Welt kommt nichts mehr. Wenn wir tot sind, sinken wir in ein großes Nichts. Aber Jesus hat uns versprochen: Nach diesem Leben kommt Gottes Herrlichkeit.
Eigentlich ist die Geschichte von der Libelle eine Ostergeschichte. Eine Geschichte von der Auferstehung zum neuen Leben.
Jn der Bibel steht das Wort:

Jesus sagt: Jch lebe, und ihr sollt auch leben.

Glauben heißt, der Botschaft von der Auferstehung zu vertrauen.

Der Autor

Detlev Block, der 1934 in Hannover geboren wurde, ist seit 1967 Pfarrer an der evangelischen Stadtkirche in Bad Pyrmont. Mit 30 Jahren veröffentlichte er sein erstes Buch. Es folgten inzwischen über 50 weitere Bücher zu unterschiedlichen Arbeitsgebieten: Lyrik, Geistliches Lied, Kurzprosa, Kinder- und Sachbuch, Bildband, Biographie, Meditation, Predigt. Neben einigen Lyrikpreisen wurde Detlev Block für sein literarisches Wirken mit dem Titel „Professor ehrenhalber" ausgezeichnet.

Die Jllustratorin

Gisela Röder, 1936 in Schwerin geboren, lebt seit 36 Jahren in Berlin. Nach dem Abitur besuchte sie die Kunsthochschulen Dresden und Berlin-Weißensee, wo sie 1960 ihr Diplom ablegte. Nachdem sie in verschiedenen interessanten Bereichen (Film- und Theaterplakate, Prospekte, Zeitschriftenillustrationen, Buchumschläge) als Jllustratorin tätig war, illustriert Gisela Röder seit einigen Jahren ausschließlich Kinderbücher, für die sie bereits mit mehreren Preisen ausgezeichnet wurde.